더 낮게 엎드린 풀꽃

더 낮게 엎드린 풀꽃

2025년 8월 29일 초판 1쇄 인쇄 발행

지은이　　김애숙
펴낸이　　박종래
펴낸곳　　도서출판 명성서림

등록번호　　301-2014-013
주소　　04625 서울시 중구 필동로 6 (2, 3층)
대표전화　　02)2277-2800
팩스　　02)2277-8945
이메일　　msprint8944@naver.com

값 13,000원
ISBN 979-11-7439-028-8

본 책의 구성 및 맞춤법, 띄어쓰기는 작가의 의도에 따랐습니다.
이 책의 저작권은 저자와 도서출판 명성서림에 있습니다. 무단 전재 및 복제를 금합니다.
이 책 내용의 일부 또는 전부를 재사용하려면 반드시 저자와 도서출판 명성서림의 동의를 얻어야 합니다.
파본은 구입처에서 바꾸어 드립니다.

더 낮게 엎드린 풀꽃

김애숙 시집

도서
출판 명성서림

| 저자의 말 |

책상 위에 탁상시계가 놓여 있다. 벽에는 손목시계가 걸려 있고 손목시계 옆에 행복해지는 방법이라는 작은 메모지가 붙어 있다.

첫째 날씨가 좋은 날엔 산책한다. 둘째 하고 싶은 일을 적어 놓고 하나씩 시도해본다. 셋째 시간 날 때마다 몰입할 수 있는 취미를 하나씩 만든다. 넷째 우울할 때 찾아갈 수 있는 비밀 장소를 만들어 둔다.

첫 번째와 네 번째는 실행 중이다. 알고 있는데 하지 못하는 행복한 일들이 얼마나 많은지 모른다. 신앙시집을 내고 싶은 바람도 오래전 하고 싶었던 것 중의 하나다. 드디어 그 꿈을 이루게 되어 무척 기쁘다.

12시가 훌쩍 넘었다. 새벽예배를 드리려면 잠을 청해야 한다. 극동방송에서 찬양이 울려 퍼진다. 공기가 부드럽게 진동하고 평강의 옷이 저절로 입혀진다. 어깨가 들썩인다. 감사한 하루였다. 날마다 한가지씩 새로움을 추구해보기로 다짐해 본다. 새로움은 늘 나를 설레게한다.

차례

- 저자의 말　　05

1부 목자의 눈물

그림 한 점 걸려 있다	12
목에 가시	14
목자의 눈물	16
담쟁이 넝쿨은	18
복음 꽃장수	20
봄에 피는 꽃	22
닳아 빠진 운동화 코	24
엄마! 세상이 녹녹지 않아요	26
만석공원	28
그립고 그립다	30
언 손 감싸고 계셨다	32
더 낮게 엎드린 풀꽃	34
나는 한 소녀를 여의었습니다	35
아침을 닮은 아이	36

2부 콩밭 허수아비

양화진 그곳에 가면	40
허리 병	42
왕이 오셨다	44
영혼의 세레나데	46
콩밭 허수아비	47
플라타너스	48
신부의 옷	50
풀잠자리	52
붉은 깃발	54
불 꺼진 작은 예배당	56
하늘에 총총히 박힌 별	58
김치	60
장마	62
기도한다는 것 그것은	64
순종의 축복	66

3부 십자가 우화(寓話)

주님 음성 못 들은 척	70
주님이 부르시면	73
새벽을 깨우리라	74
복음을 어떻게 증거 하느냐고요	76
무엇을 하려느냐	78
지금이 그때입니다	80
파송	82
하나님의 편지	84
십자가 우화(寓話)	86
일곱 빛깔 언어	88
너는 하나님의 자녀라	90
성전에 앉아 있기	92
때때로 잊기도 했습니다	94
세상 온갖 굴레와	96
친정아버지	98

4부 겨울 풍경

혼자가 아닙니다 100
아버지 회초리 101
사랑입니다 102
나무 104
부신 봄날 105
긴 고백 106
구둣방 108
겨울 109
은행나무 110
기찻길 옆 111
퇴근길 112
아이야! 114
빈집 증후군 116
별 118
고도근시 120
엄마! 전화했어요? 121

5부 메아리

그리움을 또	124
송사리	125
어! 붕어빵이 어디 갔지?	126
그렇게 하지 말아주세요!	127
매미	128
탕후루	129
달	130
양말	131
곶감	132
메아리	133
9명 가게	134
아이와 참새	135
이상한 일기예보	136
잔디 깎는 날	137

◆ 나는 왜 문학을 하는가 : 생채기 꽃   139

1부

목자의 눈물

그림 한 점 걸려 있다

아침 햇살이
창틀에 걸터앉아
춤추며 찬양한다
진초록 목련 나무 무성한 잎 속으로
향내 가득 머금은 바람 지나간다

베란다 한 귀퉁이 자랑처럼
그림 한 점 걸려 있다
가시관 쓰신
예수님 얼굴은 온통 피투성이다
가슴 먹먹해져
겸손히 무릎 꿇는다

뜨겁게 열기 뿜어내는
용광로 내 안에 있어
내 모든 불순물이 타고 또 타고

성령이 온몸 휘감아
십 센티 가시 이마 뚫고
뾰쪽한 대못 손발 뚫는
그 아픔이 내 것 된다
우리를 향한 주님의 사랑
긍휼과 구속의 기쁨으로
울고 웃고

그 밤 성령의 잔치에
내가 있었다

목에 가시

게으름, 오만, 불순종 옷 입고
예배당 찾아간다
기도하는 것 멈추고
찬양하는 입술 버리고
말씀의 향기 멀리했다

주님은 나 위해
고난의 십자가 지셨는데
채찍 맞으셨는데
모욕당하셨는데

나는 육신의 평안함 찾아
새벽기도를 쉰다
사람 만나는 것 두려워
전도를 쉰다

그런 나에게 예수님은
또 말씀하신다
구원의 축복 나눠주라고
기도하라고

주의 종을 위해 기도하라고
나와서 함께 기도하라고
같은 축복받을 것이라고
그것이 너의 사명이라고

예수님 말씀에 반신반의한다
잘못 들은 것이라 자신을 안심시키지만
말씀이 목에 가시되어
나를 힘들게 한다

목자의 눈물

기도하지 않음은
교만의 옷 입은 까닭입니다
밤마다 목자는 성전에 홀로 앉아
새벽까지 기도하는데
우리는 비단 금침에 잠을 잡니다
창수가 나고 바람 불어와
흔들리는데
우리는 세상 기쁨과 슬픔에 취해 있습니다
그의 기도를 도우라고
주님은 당부하십니다
그가 받는 복을
같이 받을 것이라고 말씀하십니다

목자의 기도 소리
깊은 밤하늘 울려 퍼지고
찬양으로 울려 퍼지고
매일 우리를 위해
눈물 흘리실 주님

정죄를 일삼은 우리는
그리스도 사랑을 헐값에 파는 자
하나님 사랑을 모르는 자
바리새인처럼 길 한복판에 서서
외치는 자입니다

사랑 때문에 하나님은
아들을 내어 주셨는데
우리는 주님을 위해
목자를 위해 성도를 위해
기도의 두 손을 들어야 합니다

담쟁이 넝쿨은

습한 장마 기운이
땅 파고 볼품없는 호박 몇 그루 심는데
장대비 내려
심은 호박 패이고
뿌리가 허옇게 드러난다
교회 담벼락 타고 오르는
담쟁이 넝쿨은
천둥 번개 장대비에도
여전히 푸르고 싱싱하다
나도 성전의
짙푸른 담쟁이 넝쿨이 되고 싶다
마음이 세상 무게에 흔들릴 때
입술이 마른 땅 같이 갈라지고
피가 날 때라도
생수이신 예수님 잊지 않고

순종함으로 하나님께 제사 드리는
기도할 수 없을 때라도
성전에 납작 엎드리는
나는 없고 오직 주님만 드러나게
나를 주님 곁에 매어 두고
오직 주님만을 사랑하고 싶다

복음 꽃장수

구원의 메아리 울려 퍼진다
삼삼오오 몰려가는 사람들
사이로 유모차 밀며 외치는 소리
예수 믿으세요! 예수님 영접하세요!

떨리는 목소리 전도자의 외침
눈먼 영혼이 볼 수 있기를
귀먹은 영혼 들을 수 있기를
기도하고 또 기도하고

노란 개나리 분홍 진달래
그 매혹적인 자태와 향기보다
더 생명력 있는 복음의 꽃 예수

전도자의 외침
그 간절함이
봄날 하루를 혼절시킨다
한 영혼을 향한 사랑의 세레나데

꽃보다 아름다운 사람
그의 사모곡이 다장조 악보 되어
하늘로 날아오른다

그 길에 예수님도 함께 계셨다

봄에 피는 꽃

높다란 돌담 사이
노란 민들레 두 송이 피었습니다
바람에 이리저리 고개 기웃거리는
온전히 주님만 바라보지 못하는
세상 주변 쭈뼛거리는
내 모습 닮았습니다
발걸음 멈추고
오래 들여다봅니다
초록 옷에 노란빛이
봄 햇살 속에서 눈부십니다
몇백 개의 홀씨를 품고 있을 테지요

벚꽃 어지러이 흩날리는
그 봄 한 귀퉁이를
책갈피에 꽂아도 보고
오랜 친구에게 보내도 보고
짧은 봄날 하루
기도의 무릎을 꿇습니다

주님 음성 마음 판에 있는데
무기력하게 서 있습니다
행함이 없는 믿음을
주님이 책망하십니다

시간을 아껴야지요
어느새 일할 수 없는
그날이 올 테니까요
힘을 내야지요
주님이 계시니까요

닳아 빠진 운동화 코

두 눈 동그랗게 뜨고
발밑을 살핀다
닳아빠진 운동화 코가
나를 올려다보며 웃는다
창문 통해 들어 온 봄 햇살이
따뜻하다
바짝 창가로 다가가 앉는다
강아지풀이 연실 고개를 조아리며
무언의 기도를 한다

시간이 볍씨 되어서 뿌려졌어도
돌이킬 수 없는 것들이 있다
기도의 두 손이 없고
말씀의 향기로움이 없고
경배와 찬양이
주님 향한 사랑이 더디고
일상 속으로만 침잠해가는 영혼은
벌거벗은 임금이 되었다

무거운 짐 맡길 그분께
나아와 기도한다
주님 다시 생수의 강이 흐르게 하소서
과실이 맺히고 물고기가 돌아오게 하소서
성령의 열매로 가득 채우시고
하나님의 보배롭고 존귀한 자녀임을
기억하게 하소서 알게 하소서
주의 보혈 속에서 자유롭게 하소서

엄마! 세상이 녹녹지 않아요

그 이유를 나는 묻지 않는다
하나님 말씀은
꿀보다도 꿀 송이보다도
더 달단다
시편 기자의 말을 딸아이에게 들려준다
삶의 지렛대가 되는 생명의 말씀

마음에 기쁨이 없다면
하나님 말씀이 없기 때문이요
마음에 소망이 없다면
기도를 잊은 까닭이다
누군가가 미워진다면
예수님을 못 만난 것이다

민소매가 부끄러운 8월의 끝자락
서늘한 바람이 분다
빨간 떡볶이 한 접시 시켜놓고
딸아이와 수다를 떤다

저녁 찬으로 깍두기를 사고
어린 시절 추억하며 복숭아를 산다
한입 베어 무니
입안 가득 단맛이 퍼진다

우리는 하나님의 자녀
감사하며 기쁘게 살아야한다
하나님의 명령이다

만석공원

아이와 만석공원 산책하다
호수 한가운데 유람선처럼 떠 있는
섬을 발견한다

낮달이 뒷걸음질 치는 저녁
지는 붉은 해 바라보며
아이와 얘기를 나눈다

한 바퀴 두 바퀴
지구가 자전과 공전하듯
공원을 돌며
노을 속을 걸어간다

엄마 입에 뭐 있어?
아, 해 봐
웅얼웅얼 기도하는 내 입 보고
아이가 눈을 빛낸다

어둠을 싹둑싹둑 잘라
새벽이 오게 하라
내 백성 신음 기억하라

공원 끝 교회 종탑 위
아이 입술보다 더 붉은
십자가

어둠을 이고서 아이와 돌아가는 길
돌아오는 노란 달 속에
알 굵은 배로 허기 채워 주던
집사님이 웃고 있다

오늘은 주님이
집사님을 섬김의 도구로 사용하셨다

그립고 그립다

한겨울 폐휴지 모으는 할아버지
허름하고 남루한 옷은
매서운 추위 견디기 역부족이다
그 영혼의 외침이 바람 속에 묻혀 간다

담쟁이 넝쿨 파랗게 돋아오는 봄부터
하얀 눈 내리는 겨울까지
성전에 동그랗게 둘러앉아 우리는
뜨겁게 중보기도 했다
믿지 않는 영혼과 지역과 나라와
열방과 선교사들 위해

삶이 힘들 때 함께 기도하며
마음 나누던
집사님이 미국으로 떠나셨다

집 연구실 교회를
바쁘게 오가며 섬기시던 아름다운 모습
이제 볼 수 없겠지
함께 한 시간 나눴던 맑은 언어들이
박속처럼 하얗게 차오른다
겨울 밤하늘 별되어 반짝인다

하나님 계획하심은
한 치의 오차도 없으시므로
그곳에서도 주님의 사랑받는 딸로
든든히 서 계실 것이다

언 손 감싸고 계셨다

매서운 꽃바람 옷섶 헤집고
그늘진 아파트 담벼락에 옹색하게 서 있는
목련이 안쓰러운 3월의 어느 추운 하루
십자가 군병들 발걸음이 분주하다

달래 냉이 다듬는 아낙의 곱은 손
입가에 패인 주름이랑 이마다
삶의 여정이 곰 살 맞다

시름에 잠긴 아낙에게
예수 향기 얹어 준다

주보 한 아름 안은 권사님 고운 손
커피를 타시는 사모님 분결 같은 손이
빨갛게 빨갛게 얼어 있다

그렁그렁한 눈으로 빨간 손
자세히 들여다보니
예수님 못 자국 선명하다
주님이 언 손 감싸고 계셨다

바람이 지나가는 길목에
예수 구원의 깃발이 펄럭 인다

예수 믿으세요!
예수 믿기만 하면 구원받아요!
예수 믿기만 하면

더 낮게 엎드린 풀꽃

어둠 속 노래하는 귀뚜라미
그리움 담은 음표들이 날아오른다
풀꽃이 고요히 귀 열어 엿듣는다

낮게 더 낮게 엎드린 풀꽃
가난한 시인의 품성 같다

서쪽 하늘 달이 기운다
가슴에 꽃씨가 심어진 걸까?
두근두근
달빛으로 차오르는 마음 움막

풀꽃처럼 납작 엎드려
기도하게 되는 깊은 가을밤

나는 한 소녀를 여의었습니다

한 영혼이 하늘로 갔습니다
꽃다운 나이에 부모형제 뒤로 하고
어릴 때 들은 복음 가지고
하나님 앞에 어설프게 섰을
그 영혼 위에
하나님 구원 은총이
햇빛같이 쏟아지길 기도합니다

어느 시인의 말처럼
4월은 잔인한 달이 맞았습니다

가슴 한쪽 아픈 이름으로
조카가 잠들었습니다

강권하여 복음을 전하라
말씀하셨는데
이미 늦은 걸 압니다
그래도 하나님 품 안에
안식 얻기를 기도합니다
울먹울먹 목련이 피는 오늘
나는 한 소녀를 여의었습니다

아침을 닮은 아이

아이가 들어선다
잘 빗어 넘긴 까만 머리 위에
아침 햇살 한 줌 얹혀서
수정같이 빛난다
분홍으로 차오르는 기쁨
아이가 커다란 눈망울 굴리며
천원 지폐를 내민다
푸른 물이 목까지 차올라
얼굴에 푸릇푸릇 단내가 꽃핀다

흰 우유 속에 점점이 박힌
희망을 마시고 함빡 웃는다
버려진 우유갑 속에 햇볕이
기신기신 들어가 숨는다

순결한 영혼 위에
구원의 축복 있어라
세상 속으로 달음질하는
아이의 정결한 영혼 위에
예수의 보혈 덮여라
노란 가방 멘 아이가
노란 어린이집 차를 타고
힘겹게 달동네 언덕을 오른다

2부

콩밭 허수아비

양화진 그곳에 가면

라일락 꽃그늘에 잠들어 있는
작은 아이들
낯선 땅에
한 알 밀알로 심기어졌다
소명을 목숨처럼 사랑한 그들의 기도 소리가
하늘 한 귀퉁이 아직 맴돌고
나는 가만가만 그들의 기도 소리 엿듣는다
주님이 잔뜩 허리 구부리고
내 얼굴을 굽어다 보는데
홍당무 된 얼굴로 고개 더욱 숙이는데
발밑에 붉은 장미 한 송이 놓여 있다
언더우드 선교사묘역
일곱 살 작은 소녀의 기도로
이 땅에 복음이 시작되었다 했다
주님이 반응하셨고 수많은 선교사가 자원했다
토란대 같은 먹먹한 울음이
내 마음 뜨겁게 한다
저들의 헌신 절대 잊지 않으시는 예수님
선교사묘역마다 주님 발자국이
점점이 찍혀 있다

사랑하는 맘으로
뱃길 만 리 먼 길을 찾아왔던 그들
소리 없이 울고 계시는
집사님 등 뒤로 다가가
가만 안아 주었다
주님은 또 말씀하신다
선교적 삶을 살라고

허리 병

허리 병이 재발했다
이틀을 옴짝달싹 못 했다
기도와 예배와 전도를 쉬었다
죽으면 죽으리라는 각오가 없었다
내 안에서 정죄의 목소리가 들린다
와르르 영적인 힘이 무너지는 소리가 들린다
지치고 힘들어 기도할 수 없는데
눈물 흘리며 기도하는 집사님 모습이
부럽고 낯설다
나도 저렇게 기도한 적 있었는데
이런 날 위해 기도해 주는 누군가 있었으면

이른 아침 예배당을 찾는다
빈 예배당에 평안 잃은 내가 서 있다
동동 예배당 안을 왔다 갔다 한다
그래도 주님은 나를 사랑하실 거야!
예수님이 이미 내 죗값을 다 치르셨는데
과거 현재 미래의 죄까지

무릎을 꿇어 본다
어렵게 기도를 시작한다
주님 저를 불쌍히 여기소서
다시는 핑계 대지 않게 하시고
기도를 쉬는 죄를 범하지 않게 하소서
저를 주 보혈로 덮으시고
원수의 정죄함이 없게 하소서
주님과 막힌 담 헐어 주소서
옛 버릇과 부정한 생각을 없애주시고
속사람을 새롭게 하옵소서

왕이 오셨다

병든 자 오라 부르네
연약한 자 오라 부르네
사랑이 필요한 자 오라 하네
심령이 상한 자 오라 하네

주 내민 손 잡으라 하네
갈보리 십자가 어린양의 피
못 고칠 병 없으니
약한 자 강하게 하리니

병정들의 멸시와 채찍 소리
십자가 구원의 길
주님 목숨 앗아간 길

그러나 주 찬양하리
호산나 주 찬양
호산나 주 찬양
우리를 구했네

순종만이 사는 길이라 하시네
기도 말씀 섬김 사랑을 챙기라 하시네
우리를 위해 목숨 버렸다 하시네
호산나 주 찬양 만왕의 왕 오직 예수

영혼의 세레나데

영혼 지키는 것 그만하고
세상 밖으로 나가고 싶다
시위한다

사람 없는 거리에 고래고래
고함친다

석양에 혼절한 왕송호수
안에서 울려 퍼지는
작은 기도
호수 위를 달린다

정적과 고요 속에
갇혀 버린 영혼
불볕더위의 한낮을 견딘다

갈급한 영혼 위에
생명의 푸른 단비 내린다
후드득 유리창 두드리며

콩밭 허수아비

내 믿음은 가을날 콩밭 허수아비
우아하게 서 있지만
콩새가 수시로 머리에 앉았다 날아간다
삐거덕거리는 목과 허리

내가 사랑한 하루가 세상 한가운데서
발가벗었다는 소식이 들려 왔다
저녁에 먹은 선지해장국
선지가 머릿속을 둥둥 떠다닌다

성도가 된다는 것은 수시로 삶을 경계하는 일이고
달이나 별 구름처럼 한가롭지 않다
시간이 지나 죽음의 문턱에 주저앉지 않는 한
두 마음 가지고 세상 살아갈 터이다

죽음이 아니 올 것 같은 오늘
시간 낭비는 쌓여가고

비바람에
앙상한 뼈대만 남은 허수아비 위에
노을이 쉬었다 간다

플라타너스

태풍이 지나간 거리
생채기 난 몸으로
플라타너스들이
열병식한다
바람에
푸른 함성이
파란 하늘로 날아오른다

그 가을 속 걷는다

더 늦기 전에 주님
일어서게 하소서
지금은 쉴 때가 아님을
알게 하소서

타작마당에 나가 알곡을
거두게 하소서
주님 일꾼 되게 하소서
핑계 대지 않게
모든 일상 주관하소서

주님 이 밤에 깨어 있게 하소서
죽어가는 영혼들의 신음
놓치지 않게 하소서
복음의 나팔수 되어
온 땅 누비게 하소서

신부의 옷

거룩한 신부의 옷 입은
목자와 양 찾기 힘들다
주님 말씀하신다

가라지와 쭉정이가 너무 많아
알곡 뿌리 상하고
허옇게 그 밑동이 드러난다
누구 탓인가 누구 허물인가
탓하는 우리 등 뒤로
주님 거룩한 십자가 보인다

영하의 혹한 속 새벽길
성경책 품에 꼭 안은 사람
시린 손 호호 불며
종종걸음 치는 성도
음란과 우상숭배와 거짓이 만연하여도
주님의 거룩한 신부들은
그 새벽을 깨우고 있었다

주님,
이 땅을 고치소서
긍휼을 잊지 마옵소서
이 백성을 구하옵소서
회개의 영을 부어 주옵소서

풀잠자리

주여 기억하소서
풀잠자리 한 마리 같은
삭아진 풀줄기에 앉아 밤이슬 맞는
서걱대는 갈대 소리에도
파르르 가슴 조이는

은하를 뛰어넘어
밤하늘에 별꽃같이
어둠에 복음의 환한 꽃 피우고픈
어설픈 열망 있음을

주여 축복하소서
일꾼으로 사용되는
향기로운 기도 꾼으로 택함 받는
성전 문지기 같은
새 마포 옷 입게 하소서

주여 잊지 않게 하소서
마음 밭 정결하게
말씀으로 풍성하게 채워지는
주의 은총을
잊지 않게 하소서

붉은 깃발

기도가 방점을 찍지 못하고
허공을 맴돈다
가랑비는 온종일 달동네 헤매고
철거 확정 붉은 깃발이 바람에 또 펄럭인다

노을이 번져가는 달동네 저녁 하늘
요란한 새소리에 나무를 올려다본다
잠자리 정하기 위한 날갯짓이 시퍼렇다

몇 번의 오르막과 내리막길 지나
교차로 신호등 앞에 선다
오르막 내리막은 동전의 양면 같은 오늘
굽은 길과 반듯한 길의 선택을 누군가는 강요당한다

숨 헐떡이며 달동네를 오른다
재개발 바람에 우울한 골목
주인 잃은 개들이 밤마다 목소리 높인다

절망을 견디는 긴 하루
비틀어진 창틀 넘어 종탑이 보인다
어린 시절 예배당이 떠오른다

주룩주룩 비는 밤새 내리고
마침내 기도가 마침표를 찍는다

불 꺼진 작은 예배당

불 꺼진 작은 예배당 주님 홀로 앉아 계신다
토끼 눈으로 달려 나온 이른 새벽
주님 물으신다
너는 나를 사랑하느냐?
도수 높은 안경 닦으며 다시 바라보니
주님 십자가다

뿌옇게 흐려진 시야에
선명히 드러나는 주님 핏자국들
나를 대신하여 모욕당하셨고
죽임을 당하셨고

내가 미워했던 사람들 이름
입속에서 쏟아져 나오고
눈물 콧물 범벅 되어
성경 속에 얼굴을 묻는다

내 겪은 억울함은
주님 당한 고난에 비할 바 못 되는데
남이 내 얼굴에 침 뱉은 적 없고
나를 발가벗겨 수치 당하게 한 적 없는데
나는 세 살 아이 되어 고집부리고 있다

네 안에 사랑이 없으면
나를 사랑한 것 아니라고
주님이 말씀하신다
용서와 사랑 안고 돌아가는 길
오늘도 주님은 나를 주목하고 계실 것이다

하늘에 총총히 박힌 별

좁은 방에 갇혔습니다
혀 굳고 언어 상처를 입어
기도가 다람쥐 쳇바퀴 돕니다
주님 옷자락 만진 여인같이
그렇게 살고 싶습니다
믿음의 불꽃 활활 피워 올리며
기도의 사람 되고 싶습니다
보일 듯 말 듯
믿음 형체 없지만
그래도 주님은
귀하게 여긴다 말씀하십니다
하늘에 총총히 박힌 별같이
빛나는 믿음이라 칭찬하십니다
광활한 우주 같은 믿음 없어도
내 기도 들으신다 말씀하십니다
누더기 된 찬양의 옷 입고서
주님 앞에 섭니다
옷은 제 빛깔 잃어버렸지만
주님 사랑하는 마음
변함없기에

주님 십자가 보배로운 피
있기에
담대히 하나님께 나아갑니다
주여 나를 불쌍히 여기소서

김치

파란 가을 하늘
빨간 고추잠자리
강강술래 맴을 돈다

덜 절인 배추같이
빳빳한 내 자아에
소금을 뿌린다

아직도 자아는 살아서
다른 이 힘들게 하고
주님 은혜를 더디게 받고

빨간 고무통에 안에
매운 갓 쪽파 무같이
본래 모양은 없고
한데 어우러지기 위한
모습 필요한 것을

감청 빛 물감 뚝뚝 떨어져
수돗가 물웅덩이 화폭 된다
장독대 옆 늙은 감나무
까치 부부 단꿈이
빨간 홍시로 매달려 있다

시린 하늘 올려다보며
더욱 낮아질 것을
더 내려놓을 것을
더 많이 사랑할 것을
웅얼웅얼 기도한다

장마

하늘이 회칠한 얼굴로
도심을 내려다본다

참매미 목청껏 노래하는
8월의 한여름
낮은 구름이 하늘을 도배하고
낯익은 교회 종탑 위로 후드득
빗방울이 곤두박질한다

가슴 뛰게 할 그분의 구원 손길
생수가 흐르게 할 그분의 사랑

하늘이 잔뜩 볼을 부풀린다
거리마다 올챙이들이
쏟아져 내린다

비가 내린다
대지를 적시고
마른 가슴에 생명 움 틔울
소망의 비가 내린다

주님 나를 불쌍히 여기소서
주님 곁에 머물게 하소서
예수 흔적 갖게 하소서

기도한다는 것 그것은

기도한다는 것은 사랑의 고백이다
그분의 주권을 인정하는 것이다
나를 내려놓는 것이고
내 삶을 온전히 주님께 맡긴다는 뜻이다

기도한다는 것은
그분의 음성을 듣는 것이다
순종하겠다는 다짐이다
앞서가지 않겠다는 겸손이다

기도한다는 것은
말씀 가운데 서 있는 것이다
그분과 동행하겠다는 고백이다
찬양의 옷을 입겠다는 것이다

기도한다는 것은
하늘에 소망을 두는 일이요
그분의 뜻이 이루어지도록
무릎 꿇는 것이다

기도한다는 것은
내 이웃을 내 몸과 같이 사랑하겠다는
영혼 사랑이다
땅끝까지 증인 되겠다는 서원이다

기도한다는 것은
그분을 영화롭게 하는 것이요
그분의 마음에 합한 자 되는 것이다

순종의 축복

하나님 말씀해 주십시오
주님 음성 듣기 원합니다
기도하고 또 기도하고
일방적인 독백 되지 않게
사랑한다 말씀해 주십시오
길을 인도해 주십시오
긴긴밤 기도 소리
교회 담장을 넘는다

너는 내 사랑하는 딸이라
내가 너를 기뻐하노라
너는 겸손하라 낮아져라
섬김의 자리에 기도의 자리에
예배의 자리에 항상 있어라
새벽에 나와 기도하라
헌신하며 작정하며 기도하라
전도하라 복음의 증인 되라
주야로 말씀을 묵상하라
하루 한 번 성전에 나와 기도하라
주의 종을 위해 중보기도 하라

주님 음성이 들린다
말씀하신다
처음엔 기쁘고 감사하고 가슴 벅차고
목숨도 아깝지 않다고 생각한다
주님을 위해 서라면

주님 음성 들려주셨는데
나는 순종하지 못하고
죄 가운데 서성인다
불순종 모습으로 주님 앞에 앉아 있는 것이
죄송하고 또 죄송하고
죄인 중의 괴수가 바로 나임을

주님 음성 못 들은 척

주님, 하나님, 예수님, 성령님
가슴 뭉클한 언어들이 나를 감싼다
용서와 사랑 죄 사함에
목이 메고 눈물이 난다
주님은 변함없는데
북한의 지하교회 성도들은
목숨 걸고 찬양한다는데
나는
기도와 예배와 찬양에
목숨 걸지 못한다
울음으로 주님을 만나던
그런 날
찬양에 목이 메고
심장이 터질 것만 같던
그런 날이 그립다

첫사랑을 회복하라고
주의 일에 힘쓰라고
주님이 말씀하시는데
주님보다 사랑한 것 많아서
주님 음성 못 들은 척한다

세상 무거운 짐 지고
허덕이는 내게
주님 또 말씀하신다
'수고하고 무거운 짐 진 자들아 다 내게로 오라
내가 너희를 쉬게 하리라'
주님이 대신 내 짐을 지겠다 하신다

찬 바람 부는 12월
성전 안에서 들려 오는 낭랑한 기도 소리
나는 하나님의 자녀입니다
예수님의 피 값으로 다시
태어난 자입니다
내가 모든 것을 가졌어도
주님이 내 안에 없으면
나는 죽은 자입니다
헐벗고 굶주린 우릴 위해
죄와 사망에서 우릴 건지기 위해
베들레헴 마구간
가장 낮은 모습으로
주님이 오셨습니다

네가 천사의 말을 할지라도
네가 새 방언을 할지라도
사랑이 없으면
아무것도 아니라고
네가 내 자녀이거든
더욱 낮아지고 겸손하라고
섬기라고 말씀하십니다

주님이 부르시면

주님이 부르시면
어디든 달려가겠습니다
사하라 사막도
시베리아도 괜찮습니다
질병과 굶주림 반목과 질시
그 어느 곳이든

복음의 신을 신고
이 땅 곳곳을 누비며
십자가 깃발을 꽂겠습니다

죽어가는 많은 영혼의
탄식 소리 기억하게 하시고
땅끝까지 복음의
증인이 되게 하소서

세상의 빛이신 주님을
영원히
찬양하게 하소서

새벽을 깨우리라

무거운 오리털 잠바로 온몸 무장하고
차에 시동 켠다
차 위에 서리가 하얗게 내렸다
서편으로 기우는 달과 별 하나
등 시리고
영혼은 목마르다
새벽 차디찬 공기 가르며
별똥별 하나 떨어진다
하얀 서리 머리에 이고서
사열 중인 가로수
그 길 따라 새벽을 달린다
눈꺼풀이 무겁다
호호 손에 불어 가며
신호가 바뀌기를 기다린다
오랜만에
주님 만나러 가는 새벽길
설렘과 죄책감이 앞서거니 뒤서거니
기도를 쉬는 죄 범했는데
주님은 버선발로 달려 나와 반기신다

부끄럽고 죄송한 마음에
얼굴은 어느새 홍당무 되고
해산의 고통으로 내가 너를 낳았노라고
보배롭고 존귀한 자녀라고
불꽃 같은 눈동자로 너를 지킬 것이라고
주님은 내 등을 토닥이시며 말씀하신다
추운 겨울 새벽을 깨우는 거
쉬운 건 아니지만
주님 사랑에 비하면
아무것도 아니다

복음을 어떻게 증거 하느냐고요

교회 종탑 위 붉은 십자가 가르치며

예수님이 우리 죄 대신하여 십자가에
피 흘려 돌아가셨고 그것을 믿기만 하면
구원 얻는다고 말할 것입니다

우리는 하나님 은혜로 구원받은 백성
우리 어떤 행위로가 아닙니다
거저 받았으니 입술 열어
예수님 십자가 사건 말해 주어야지요
시간은 우리 기다려 주지 않습니다
내일은 꼭 복음 전해야지
다짐하고 잠들었는데 다음날
그 사람이 교통사고로 죽었다는 소식 들었을 때
그때는 후회해도 이미 늦습니다

내 죄 대신하여 십자가에 달려 돌아가신 예수님
구원의 감격 잊지 않게 해 주십시오
죽어가는 영혼들 앓는 소리 듣게 해 주십시오
바로, 오늘, 지금
복음 증거 하는 우리 되도록
저희 입술을 숯불로 담금질해 주십시오

하나둘 줄어드는 교회 십자가
성전 안에 세상 영이 들어와도 문둥병자처럼 몰랐고
원수가 연약한 어린양 노략질해 가도
구경만 했던 우리 죄를 용서하소서
파수꾼은 많았는데 혹여 졸고 있지는 않았는지
성벽의 빈틈이 어디에 있었는지
주님 깨닫게 하옵소서
나를 내려놓습니다
주님이 왕 노릇 하여 주옵소서

무엇을 하려느냐

촛불이 꺼진다
어둠 속 환하게 밝히던 기도 사라져
하나님과 소통하던 영혼 죽어가고

세상과 구별되지 못하는
주님의 양과 목자

세상에 손가락질당하고
부끄러움도 상실했다

내가 거룩하니 너희도 거룩하라
주님 음성은 허공 맴도는 메아리 되어
세상 거리를 배회한다
어린아이같이 순전한
오직 주님 나라 위해 살
어린양과 목자 찾아
세상 빛이 되라 말씀하셨는데
어둠 속에 빛이 갇혀버렸다

경건의 모양만 요란하고
남 정죄하기 바쁜 입술로
감히 주님을 사랑한다 고백하고
말씀을 증거한다

예수님 십자가 사건이 없는
예수님 피가 증거되지 않는
메마른 교회들 향하여
주님은 다만 침묵하신다

내가 하나뿐인 독생자를 십자가에 못 박았는데
너희는 나를 위하여 무엇을 하려느냐
하나님의 뼈 아픈 음성이 들려 온다

지금이 그때입니다

고비사막에 비가 내린다
먹장구름 사이로
천둥 번개 요란하다
마른 흙이 갈라지고 터지고
생명이 새 씨앗을 준비한다
소돔과 고모라 성처럼
그분의 심판 피하기 어려워도
니느웨이 백성처럼 회개의 영이 임하면
변하리 새롭게 되리
당장 눈앞의 심판이 두려운가
목에 깁스한 백성같이
고개 숙일 줄 모르는가
기도 할 수 있는데
낮아지고 또 낮아져서
겸손히 그분 음성 듣고 엎드려야 하리
저 고비사막에도 무지개 뜨고
새 생명이 움트리
그분의 은혜로
맘에 그분 음성 임하거든
행하라 시행하라

그때가 바로 지금임을 기억하라
경건의 옷을 입고
성전의 문지방 닳도록
기도의 향을 피워 올리라

파송

봄으로 치닫는 길목
진눈깨비 폴폴 흩날린다
파란 싹 내려고 준비하던 왕벚나무
오돌오돌 떨고 있다
낯선 이 앞에서 복음증거 하던
그 밑을 내가
잰걸음으로 걸어간다
온당한 이유로 화나는 일도
그를 용서하라 사랑하라
더 많이 기도하라
네 자녀는 네 기업이니
너 또한 네 가정의 선교사라고
그가 주께로 돌아올 것이며
너는 네게
기도와 예배의 단을 쌓으리라
내게 영광 돌리리라
말씀하신다

하나님!
보배롭고 존귀한 자로
순종을 기쁨으로 여기는 어여쁜 자로
인쳐 주옵소서
남편을 통하여 복음이 드러나게 하시고
열방을 복음으로 정복하게 하옵소서
아론과 훌 같은 기도의 동역자 붙여 주시고
주님 나라 확장케 하옵소서
기도하는 내 두 손 주님이 감싸시네
흐르는 눈물 닦아 주시네

하나님의 편지

성도로 살아간다는 것은 세상과 구별되는 일이다
머리부터 발끝까지 구별되는 일이다
생각과 말과 행동까지 달라지는 일이다

내가 구원받았다는 것은 성도로 살라는 말이다
이제 혼자가 아니라는 말이다
주님이 삶을 인도해 가신다는 말이다
친구가 되어주신다는 말이다
두려움이나 염려로 고민하지 말라는 말이다

하나님을 아바 아버지라 부른다는 것은
그분의 자녀로 세상을 이기며 살라는 뜻이다
계명을 지키며 살라는 뜻이다
말씀을 가까이하라는 뜻이다
기도를 쉬지 말라는 뜻이다
이 땅에서도 천국의 삶을 살라는 뜻이다
그리고
삶의 어두운 터널 속에 혼자 두지 않겠다는 뜻이다

구원의 선물을 거저 받았다는 것은
다른 이에게도 그 선물을 나눠 주라는 명령이다
죽어가는 영혼을 살리라는 사인이다

예수님 십자가 보혈을 의지하여 기도한다는 것은
내가 전에는 죄인 중에 괴수였다는 것이다
독생자를 죽기까지 내어 주신
하나님 사랑을 잊지 말라는 것이다
세상 사람들 앞에서 예수를 주로 시인하는 것이다

십자가 우화寓話

매품팔이 지하교회 간판이 실려 간다
세탁소 실내포장마차 일개미의 꿈이 실려 가고
언덕길에 간판 없는 가게가 늘어난다
속수무책 떠나가는 사람들
그들의 안부가 궁금하다
빚더미는 커다란 보아 뱀처럼 모든 걸 삼키고
두려움과 낙심을 낳는다

짊어지고 메고 다니는
낙심의 무게는 몇 톤이나 될까
마음을 감옥에 가두어 버리는
두려움의 무게는 또 얼마나 될까

낙타 무릎 흉내 내기 좋아하는 사람들의 모임이 열린다
관절이 통째 어그러진 유인원도 있다
하늘을 향해 우아하게 두 손을 높이 들고 주문을 외운다
부도 수표가 하늘로 발행된다

위험한 협곡 주위 어슬렁거리는 사람들
한눈팔면 천 길 낭떠러지다
협곡 너머 낙원상가가 보인다
십자가 다리로만 건널 수 있다는 소문이 돈다

낙심과 절망의 송충이가 굼실굼실 기어 다니는
하얀 나무를 짊어지고 힘겹게 걸어가는 사람들

버거운 십자가 버리고 싶은 오늘
말씀의 숲속을 오래오래 산책한다

일곱 빛깔 언어

어둠 속 고요히 흐르는
일곱 빛깔 언어
진주 구슬같이 부드럽고
실개천 비추는 달빛 같은
초여름 밤 기도 소리가
하늘을 오르내린다

기도하다 돌아간 성전 빈 의자마다
하늘에 오르지 못한
기도들이 나뒹굴고
그것을 조심스레 모아
일곱 빛깔 하늘 언어로 수놓는 목사님

때로 날카로운 바늘에 찔리고
선홍빛 피가 흥건히 수틀에 고여도
멈출 수 없는 사랑의 기도

상한 무릎 아파도
기도의 손 내릴 수 없음은
십자가 사랑 때문이다
눈먼 양들을 향한 애끓는 마음 때문이다
잃어버린 병든 양의 울부짖음
목자는 기억하고 있기 때문이다

희미한 불빛 아래 기도하는 한 사람
그 옆에 주님이 앉아서
목사님의 상한 무릎을 만지고 계셨다

기도한다는 것 그것은 사랑 없이 불가능한
한 영혼을 향한 끝없는 돌봄
목사님의 기도는
한밤의 긴 강을 건너 새벽까지 계속되었다

너는 하나님의 자녀라

육신의 양식 찾아
마른 풀숲 헤치는 까치 두 마리
바람이 지나가는 만석공원 뚝방길
낙엽들이 우우우 소리를 내며 달리기 한다

허기진 영혼의 탄식소리
아무도 귀 기울여 듣지 않고
교회 종탑 위 십자가만
초겨울 찬바람을 온몸으로 막아내고 있다

나는 길이요 진리요 생명이니
나로 말미암지 않고 아버지께 올 자 없다고
주님 말씀 하시는데
세상 열락 즐기던 우리는
귀먹고 눈 먼 자

너희는 하나님의 자녀라
세상과 구별되라
세상의 빛이 되라
주님 당부하신다

피 묻은 주님 십자가가
어둠속에 눈부시다

성전에 앉아 있기

종종 아무도 없는 예배당에 앉아 있다 간다
기도가 안 되고 찬송이 나오지 않는다
그때 그냥 말없이 한참 동안 앉아 있다 간다
십자가를 바라보기도 하고 빈 의자들을 헤아려 보기도 한다
그런데 회복이 된다 주님이 나를 보고 계신 것일까
내 모든 저주와 가난과 질고를 담당하신 예수님 그분이
내 마음을 알고 계셨다

습관처럼 하나님과 동행하는 삶을 살게 해달라고 기도한다
주님의 기쁨이 되고 싶다고도 한다
그것이 무엇을 말하는지 깊이 생각해 보지 않는다
그러면 좋을 것 같다 단지 그뿐이다
그런데 주님은 놀라운 일들을 삶 가운데 행하신다
그리고 내가 너를 사랑한다
네가 어디 있든지 내가 늘 너와 함께 하리라 말씀하신다

하나님을 알고 있고
　하나님 자녀라는 사실이 얼마나 가슴 벅차고
　기쁜 일인지 모르겠다

　성경 말씀을 많이 알고 있어도 믿지 않으면 그냥 글씨에 불과하지만
　믿으면 삶에 기적이 나타난다
　하나님 말씀은 살아있어 뼈와 골수를 찔러 쪼개기까지 하기 때문이다

　하나님은 우리를 통해 일하고 싶어 하신다
　우리가 부족하고 연약해서 쓰신다고 말씀하신다
　한순간도 주님은 우리를 떠난 적이 없다
　믿음이 한없이 연약해 있을 때도 고통 가운데 몸부림치며 혼자라고 생각했을 때도
　주님은 함께 하신다
　전지전능한 무소 부재한 예수그리스도 핏값으로 산
　하나님의 자녀다 우리는 하나님의 자녀답게 살아야 한다

때때로 잊기도 했습니다

때때로 잊기도 했습니다
당신의 향기와 사랑과 보살핌을
기도의 응답을 우연으로 치부해 버리고
당신께 감사를 잊었습니다
삶이 버겁고 힘이 들어서
당신을 생각할 겨를이 없다고 핑계를 댔습니다
당신은 마음이 하늘 같고 바다보다 넓으므로
한 번쯤 모른 채 한다고
서운해하실 분이 아니라고
새벽에 당신을 만나러 가는 것은
모험이고 남편이 싫어할 거라고
자신을 정당화시키고 또 합리화시켰습니다
오늘은 하는 일이 많고 바쁘므로
잠시 당신을 뒷전으로 하고
나 혼자 힘으로도 해낼 수 있다고 자신만만했습니다
넘어지고 다치고 무릎이 깨진 다음에야
나는 당신 앞에 돌아와 고백합니다
당신 없이는 하루도 살 수 없었노라고
눈부시게 파란 하늘도 햇빛도
아무런 의미가 없었노라고

당신이 빠진 삶은 허무함 그 자체였노라고
내가 이렇게 숨 쉬고 기뻐할 수 있는 것
숨 못 쉬게 벅찬 것은 다 당신 때문이라고
하루가 평범하게 지나가는 듯 보여도
그 속에 당신의 자상한 보살핌이 숨어 있고
당신의 수많은 기도가 있었다는 것을

베란다 창문으로 맑은 햇빛이 쏟아져 들어 옵니다
나는 햇빛 속에 냄새나는 자아를 널어놓고 기다립니다
쓴 뿌리가 뽑히고 교만과 불순종이 바싹 마르기를

세상 온갖 굴레와

하늘을 이고 나는 성도가 되고 싶다
은총의 날개를 퍼덕이며
하늘의 진주를 물어 나르는
구속의 양이 되고 싶다

한겨울 난로의 따스함같이
온 세상을
주님 사랑으로 가득 채우고 싶다

세상 온갖 굴레와 힘겨운 멍에는
주님께 맡기고 오직
기도 향불만 들고 나가고 싶다

목자처럼 길 잃은 양을 찾아 헤매시는 주님
주님의 거룩한 피 값으로
새 생명 얻은 자의 찬양을 받으소서

말씀의 날개를 입고
더 높이 더 멀리 비상하게 하소서
은혜의 단비로 온 세상을 적시고도 남도록
주님 사모하기를
주저하지 않게 하소서

친정아버지

너울너울 눈이 내린다
소리 없이 지붕마다 차량마다
윈도 부러쉬 사각거리는 소리
차 안에 낮게 엎드려 기도한다

하얗게 덮여 버린 세상
메마른 대지 위에
순백의 꽃가루 날려라
찬양의 옷 펼쳐라

모진 바람에 생채기 난무해도
멈출 수 없는 고백
불쌍히 여기소서
주사랑 알게 하소서

아버지 무덤가에 눈이 내리고
그때처럼 눈이 내리고
새벽마다 들리던
찬송과 기도 소리가
그립다

4부

겨울풍경

혼자가 아닙니다

나는 당신의 어린 신부입니다
늘 촛불을 준비할 줄 아는
사랑스러운 어린 신부입니다
어둠 속에서도
당신의 얼굴이 환히 보이고
고동치는 심장 소리 들을 수 있습니다

혼자가 아니므로 행복합니다
세상이 준
상처 아프지 않고
절망 가운데서도 소망으로 충만합니다
발부리를 아프게 한 돌이 밉지 않고
친구를 따돌리던 그 애를 용서할 수 있습니다

2천 년 전에도 살아 계셨고 지금도
살아계시는 당신을 향한 신부의 마음은
기도가 되고 노래가 되고

분내 나는 세수를 하고
삼단 같은 머리를 빗고
당신이 오실 때를 기다립니다

아버지 회초리

잡힐 듯 잡힐 듯 달아나는 매미
매미에게 홀려
정자나무 꼭대기까지 올라간다
환갑 잔치하는게 보인다
휘청이는 나무 꼭대기
식은땀 난다

잔칫집에서
나무 꼭대기에 매달려 있는 나
아버지가 발견했다

위험해! 천천히 내려와!

철썩철썩 종아리 맞는데

아프지가 않다

아버지 눈에 눈물이 가득하다

사랑입니다

사랑입니다
당신의 말씀으로 지으신
모든 것

향기로운 과실과
온화한 바람과
농부 이마에 맺힌
땀방울까지도

사랑입니다
풍성한 계절과
넉넉한 여유로움과
풀벌레 울음소리까지도

사랑입니다
오래전 잊었던
그리운 친구에게서
가을 내음 듬뿍 담은
편지를 보내게 함도

사랑입니다
말씀 지으심 계명까지도
우리를 향한
당신의 사랑입니다

나무

깊은 산 톱질 소리
예리한 톱날은 몸통 자르고
통증은 줄기를 따라 뿌리까지 기절시킨다

드러난 상처 햇볕 붕대로 감는다
진물이 흘러야 상처가 아문다는 걸
나무는 알고 있을까

잘린 밑동
드러난 속살
나이테를 세어본다

바람의 저항이
새들의 언어가
시간의 벽따라 새겨져 있다

주고 또 내어주는 나무
십자가 닮았다

부신 봄날

빗장 걸어두는 오후
상심한 이웃이 문 앞에 오래 서 있다 간다
소망 잃은 사람이
찾아와 울며 하소연하다 간다

잠긴 문은
빛이 들어와도 열리지 않는다
단단해진 마음은
오래된 오동나무 나이테 같다

가슴에 새겨둔 기호만으로
문을 여는 것은
비우고 또 비우는 험난한 히말라야산행이다

마음을 들여다보면
날이 선 욕심이 여전히 똬리를 틀고 있다

하늘 무지개다리 놓아 주는 예수님 따라
나도 세상 향해 빛으로 달음질하다 보면
마음은 온통 부신 봄날 일게다

긴 고백

성탄절 캐럴이 사라진 거리
미세먼지가 차지하고
석양이 어둠을 부른다
달빛마저 얼어붙은 겨울밤

알람에 맞춰 일어나는 새벽
겹겹이 옷 입어도 바람 끝은 차고
어둠 속 예배당 십자가 올려다보니
죄인의 괴수구나! 내가
회개의 눈물이 난다

주님 사랑합니다 고백하는 입술로
남 정죄하고 돌아서 후회하는 날이 얼마나 많은지
내가 거룩하니 너도 거룩하라 말씀하셔도
한 귀로 듣고 한 귀로 흘려버리는 불순종
사람을 외모로 보지 말고 영혼을 보라고
당부 또 당부하셔도
외모 보고 판단하는 어리석음

십자가 앞에 불순종과 교만을 내려놓는다
목구멍까지 차올라와 힘들게 했던
원망과 불평도 내려놓는다
십자가 보혈로 덮어 달라 기도한다

한 영혼이 주님께 돌아오는 것
천하보다 귀한 일
해산의 고통이 따르는 일

사람은 사랑만 해야 할 존재
많은 은사 능력 있어도 사랑 없으면
아무것도 아니라고 주님이 말씀하신다

구둣방

대형마트 길 건너
한 평 남짓 작은 가게
굽갈러 주인 없는 가게 안을 기웃거린다
요즘은 보기 드물다 생계형 구두수선 집

열어놓은 문 입구에
햇볕이 출렁인다
깔끔한 주인 닮은 연장들이 말을 건다
고요히 구두 고치는 박꽃 같은 고운 얼굴

겨울

십분거리 성대역 다이소에 소풍간다
한겨울 찬 냉기가 앞서거니 뒷서거니
고양이
잰걸음으로
눈치 없이 따라온다

하얗게 쌓인 눈 위로 발자국이 선명하다
모양이 제각각이다 둥굴게 네모나게
길잃은
고양이 울음
듬성듬성 찍혀있다

하늘이 하이얀 솜이불을 펼친다
앙상한 벚나무와 뾰족한 탱자나무
나란히
어깨동무한
그 모습이 정겹다

은행나무

은행나무 가로수에 탐스럽게 열린 열매
중력에 못 이겨 후드득 떨어진다
중금속 오염되어
아무도 줍지 않는다

찬바람에 은행잎 수북이 쌓이고
낙엽 속 숨어 있는 연분홍빛 알맹이
사람들 손길 그리워 외출을 감행한다

아! 냄새
아이가 코를 막고 지나간다
참새가 콕콕 쪼다가 아이 더러워
그냥 날아간다

은행알 상처투성이
생명을 품고 있다

기찻길 옆

어둠 속 달리던 기차
창문을 두드린다
먼지 낀 창은 대답 없고
거실 가득 달 빛만 출렁인다

베란다 창을 통해 보름달이
물끄러미 내려다본다

호기심 많은 달빛
밤새워 설거지하고
말갛게 세수 끝낸 그릇들은
찬장 안에서 쌔근쌔근 잠이 들었다

기차 소리에 잠 들수 없는 아파트
닫힌 하루를 열기 위해
알람을 맞춘다

퇴근길

 병점행 전철이 성대 역에 많은 사람 쏟아 놓고 횡하니 도망가 버린다. 피곤한 몸은 쉬기 원한다. 허기진 배를 채우기 위해 포장마차에서 어묵 한 개로 성가신 식욕을 다독인다. 후루룩 어묵 국물 마시다가 와락 뱉어낸다. 입천장이 홀랑 벗겨져 허물이 혀끝에 대롱거린다. 밤 11시, 횡단보도 앞에 수많은 사람이 신호등이 바뀌길 기다리고 서있다. 조바심 내는 사람들 틈에 끼어 적색 신호등을 느긋하게 바라본다.
 어깨에 수북이 쌓인 피로 털어 버리려 여기저기 들썩이는 사람들, 소용없는 일이다. 태극기 가득 실은 트럭이 횡단보도 앞에 서 있다. 어둠 속에 적재된 하얀 태극기가 소름을 돋게 한다. 어둠과 대치되는 하얀색이다.
 기름값이 기승을 부려도 도로 위 달리는 차들은 줄어들지 않는다. 신호가 바뀌고 사람들이 너울너울 횡단보도를 건넌다. 꽃보다 아름다운 사람 꽃이다. 희미한 불빛 아래 트럭이 멈춰 서서 가로등마다 광복절 태극기를 꽂는다.

무거운 짐은 내려놓고 평안을 누리라고 말씀하시는 주님. 땅 밟기 기도를 이런저런 이유로 핑계 대며 미루고 있는 내게 순종이 제사보다 낫다고 하시는 것만 같다. 믿음 없음에 다만 부끄럽다. 문득 뒤를 돌아 보니 아무도 없다. 무서움에 발걸음이 빨라진다. 같은 일상이 내일 또 반복되겠지만 그 내일도 주님과의 동행하는 삶이 되기를 간절히 마음 모아 본다.

아이야!

햇빛을 길들이자 네 것이 되게
검은 커튼 뒤로 숨은 아이야
네 푸른곰팡이가 꽃을 피웠단다
단내 나는 향기가
방 안 가듯 떠다닌단다
유년의 시냇가에 빛나는 송사리 같구나
아이야 걸어 나오렴
멍든 얼굴을 내어 보이렴
네가 힘차게 밟는 땅이 거기 있구나
푸른곰팡이 가득한 온실을
박차고 나오렴
신앙의 힘은 너를 붙들지 못하고
어미의 젖은 말랐구나
아이야 혼자 서보렴
문 가까이 귀를 대 보렴
톡톡 노란 은행알들이
길바닥에 뛰어내리는 걸 보렴
구린내 나는 몸을 안고
사람들 발길에 차여도
당당하지 않니

달빛이 내려와 쪽잠을 즐기는
무덤가에도 행복은 있단다
아이야 네 생채기를 내어 보이렴
네 생채기엔 벌레가 집을 지었구나
내려놓아라 네 무거운 짐을
아이야 내 각시 같은 아이야
비단옷을 입어보렴

빈집 증후군

촘촘한 탱자 울타리 넘어
장독대 감나무에 걸린 저녁놀
어둠 한 장 마당에 깔리니
헛간 외양간이 사라진다

아이들 웃음소리 그리워
처마 밑 서성이는 초승달
콜록콜록
감기를 앓고 있는 빈집은
문풍지 소리가 성가시다

적막한 고요 깨며
무당거미 유령거미가 힘겨루기한다
거미줄에 걸린 나방이 목숨 잃는 밤

뒤란 대숲 지나가는 바람 소리에
밤새 잠 못 드는 집
기다림은 깊어져 벽마다 골이 파이고
벽지가 헐거워진다

뽀옥 뾱
새벽을 밀어내며 죽순이 올라온다

별

삶의 무게만큼 더 잘 살 수 있다
착각하며 산다
바리바리 어깨에 무거운 짐 얹혀
숨 막히는데 내려놓지 못한다

추석, 거리가 술렁인다
바람이 덩달아 목소리 높인다
귀뚜라미 암컷 부르는 소리가 커진다
엷은 구름 속 달이 웃는다

거실 한구석 차지한 오래된 컴퓨터
자판기를 두드린다
언어들이 허연 배를 드러낸다
책상 위에 노란 알을 방사해놓고 사라진다

거실 등 끄자 기다린 듯 어둠이 문을 연다
두리번두리번 마음 매어 놓을 곳 없어
창문 열고 그리운 이름들을 불러낸다

또 한 개의 별이 잡혔나 보다
유성의 분신이 사람들에게 분배되었다

그렇게 말했는데
지상엔 관심도 두지 말라고

고도근시

언제 자고 일어나는지
누굴 좋아하고 싫어하는지
무얼 먹고 배설하는지
내 콧잔등에 앉아
다 보아온 눈치다

배고픈 햇살이
창틀에 앉아 동화책을 읽는데
가난한 안경이 잠이 들었다

설익은 햇살을 먹고 자란
고추잠자리가
파란 하늘로 날아오른다

가을을 버리고 왔노라고
수선떨던 고추잠자리도
내가 가진
고도근시를 갖고 있나 보다

엄마! 전화했어요?

여보세요! 여보세요!
엄마, 전화했어요?
아니다 번호 잘못 눌렀다

여보세요!
여보세요!
할머니예요?
여보세요!
뚝 끊기는 전화

막내야!
엄마가 전화하고선
잘못 걸었다고 끊으신다

엄마가 언니 목소리 듣고 싶어서
전화 한 거야
손주 목소리 듣고 싶어서 전화 한 거야

나도 나중에 울 엄마처럼 그럴까
그리움에 사무치는 사람이 되어 있을까

그리움을 또

가슴에 숨겨둔 오래된 설렘
나무 옹이마다 새겨 넣는다

가을바람에
붉어진 나뭇잎
계절의 유혹이 반듯하다

골목길마다
그리움을 또
등처럼 내다 건 감나무

지나온 시간만큼
엉킨 실타래처럼
이별은 쉽지 않다
그리움을 버리기 쉽지 않다

송사리

소나기 지나간
개울가에 송사리떼

맑아진 물속에서
눈망울이 또랑또랑

둥둥둥 떠내려가는
고무신 타고 놀아요

어! 붕어빵이 어디 갔지?

쌩쌩 찬 바람이 불어요
오돌오돌 떨고 있는 나무
추워 놀이터에 아이들이 없어요
놀이터 차지한 겨울바람 신났어요

냠냠 붕어빵 먹는
하은이도 신났어요
겨우 한 개 먹었는데
붕어빵이 없어요
아빠 엄마가 게눈 감추듯 먹었나봐요

그렇게 하지 말아주세요!

두 살배기 하은이
입에 달고 다니는 말
이게 뭐지?
이게 뭐지!

대답하느라 바쁜 엄마
표정이 박꽃처럼 환하다

귀엽다 머리 쓰다듬는 아저씨에게
대뜸 하는 말
그렇게 하지 말아주세요!

어린이집에서 배웠나보다 하며
빙그레 웃으신다

매미

맴맴 매에
맴맴 매에

매미가 와글와글
울지 않아 좋다

딱 한 마리가
울어서 좋다

가끔
쉬었다 울어서 더 좋다

탕후루

딸기 한입 베어 무니
와장창
창문 깨지는 소리 나요

청포도 한 알 입에 넣으니
달콤함이 출렁거려요

엄마 해가 자꾸자꾸 따라와요
하늘 가리키며 참새처럼 재잘대는 하은이

그러네
해님도 탕후루 먹고 싶나 보다

달

부엉이는
산에서 뜨고 진다 말하고
고래는
바다 위에서 뜨고 진다 말한다

아니야!
내가 본 달은
우리 집 감나무 위로 뜨고
뒤 뜰
대나무 숲으로 지는걸

양말

바지랑이 끝 고추잠자리
꽁지 흔들며 지휘해요
실바람 산들바람
흥겨워 춤추어요

빨랫줄에
짝짝이로 걸린 작은 양말들
한낮 열기에
바짝바짝 속이 타요

짝꿍과 함께 있고 싶은 마음
아주머니는 알지 못해요

곶감

함박눈 내리는 날
마루에 걸터앉아 곶감을 먹어요

오빠는 냠냠 먹을 테니
나는 냐암냐암 먹으래요

냐암냐암 냐암냐암
냠냠냠 냠냠냠 냠냠냠

내가 한 개 먹을 때
오빠는 두 개

줄어드는 곶감 눈도장 찍으며
오빠를 따라 해봐요
냠냠냠냠 냠냠냠냠

오빠 두 개
나도 두 개
먹는 숫자가 같아졌어요

메아리

깊은 산
고요하게 울려 퍼지는 산울림

야호! 야호!
친구 찾는 메아리

새소리 바람 소리뿐
대답하는 이 하나 없어

온종일 심심한 산메아리

9멍 가게

할아버지 유일한 소일거리
구멍가게 보는 일

먼지 앉은 선반 위 과자
누가 누가 사가나

기웃기웃 들여다보면
개미 한 마리 보이지 않고

할아버지 혼자
꾸벅꾸벅 졸고 계신다

아이와 참새

포르릉 포르릉
폴짝거리는 참새
아이 얼굴에
환한 웃음꽃 핀다

엄마 손 잡고
조심조심 올라가는 숲길
청솔모가 반갑게 인사한다

에취!
재채기 소리에
놀라 달아나는 청설모

짹째글 짹째글
참새 가족 합창 속에

참새는 짹짹
참새는 짹짹
아이 노래가 끼어든다

이상한 일기예보

짝꿍과 싸운 우주 마음은
구름 끼어 흐림이고요

친한 친구 전학 간
초롱이 마음은
온종일 비 내림이에요

은별이와 사이좋게
도시락 나눠 먹은
상구 마음은
해가 쨍쨍 맑음이지요

그런데 낮에는 언제나 해가 떠 있대요

잔디 깎는 날

한여름
숨어 있던
딱정벌레
들통났어요

도망쳐 도망쳐
가로세로 우왕좌왕
숨을 곳이 없어

아차! 쥐구멍으로
들어갔어요

딱정벌레 걱정에
식은땀 흘리는 마당

| 나는 왜 문학을 하는가 |

생채기 꽃

김애숙

　창작이 고통의 미학이 아니라 즐거움의 미학이라는 것은 괴테의 명언만은 아니다. '시가 내게로 왔다'로 유명한 파블로 네루다의 말을 빌리지 않더라도 시로 인하여 가장 소외되고 가장 변방에 머물게 되고 고통의 비를 맞는다고 하여도 시는 즐거움의 미학이다. 시가 시인에게 온 것이 아니라 그가 시에게로 가서 시가 탄생하고 시인이 되는 것, 그것이 절대적인 힘을 따라가는 진정성일 때도 있다. 그 힘을 믿는 것은 미지의 세계에 대한 인정이며 인식의 결과이다. 또한, 시를 쓰는 마음이 선명한 이미지로 떠오르는 일은 순전한 서정에서 나타난다. 이것이 시인이 대면하는 천변만화의 세상이며 구체적인 이미지텔링이다. 시집 〈그래도 꽃이다〉 서평을 써주신 김신영 교수님 말씀에 공감한다. 맞다 문학은 즐거움의 미학이다.

문학은 나를 찾아 떠나는 긴 여행이다. 또한, 나를 사랑하는 또 다른 방법이다. 영혼의 샘물을 길어 올리는 일이며 저 심연 깊은 곳의 아우성에 귀를 기울이는 일이다. 상처가 아물어 딱지가 생기고 때로 꽃이 되기도 한다. 생채기 꽃이라고 나는 명명한다. 세월의 흔적도 들여다보면 그리움의 수많은 생채기로 이루어져 있다. 영혼의 갈증은 부귀영화 그 무엇으로도 채워지지 않는 빈 공간이다. 사람은 사회적 동물이면서 관계의 부재를 견디지 못하는 존재이다. 창조주만이 해결할 수 있는 영혼의 갈증을 나는 문학을 통해 해결하려고 애쓴다. 때로 도전의식과 창작을 통해 일부 갈증이 해소되었다고 착각하며 산다. 그래서 글쓰기는 나를 살찌우는 일, 내가 행복해지는 시간, 사물과 대화하는 시간이다. 세상에 대해 타인에 대해 겸손해지는 시간이다. 문학은 추운 겨울날 엄마가 아랫목에 따뜻하게 묻어둔 밥 한 그릇의 사랑과 같다. 통학 기차를 타기 위해 캄캄한 새벽길을 아버지와 함께 손잡고 걷던 일을 소환하는 즐거움이기도 하다. 목울대 안에 잠들어 있는 부르지 못한 한 소절 노래를 끄집어내는 일이다.

올봄 왼쪽 귀에서 소리가 사라졌다. 돌발성 난청이었다. 하던 모든 일을 멈추었다. 이비인후과 명의를 찾아 논산 시골 종합병원에 일주일 동안 입원을 했다. 한 병실에서 다섯 명이 같이 지냈다. 편안하고 불편함이 없었다. 때론 설레고 기쁘고 즐거웠다. 창밖 멀리 산 밑에는 벚꽃이 흐드러지게 피고 있었고, 오후 3시가 되면 햇빛이 병실 깊숙이 들어왔다. 7일 동안 휴양지에 쉬러 온 느낌으로 지냈다. 마음의 즐거움은 양약이라고 했던가. 사라진 소리가 돌아왔다. 완치 판정을 받아 퇴원했다. 언제일지 모르지만 7일 동안 병실에서 있었던 아름다운 에피소드는 글이라는 멋진 옷을 입혀서 세상에 내보낼 참이다.

　문득 초등학교 상장사건이 생각이 난다. 지금도 그 이유를 알지 못한다.
　월요일, 전교생이 운동장에 모여 조회를 했다. 국민의례와 새로 오신 교감 선생님 긴 훈시가 끝나고 상 받을 아이들 이름이 차례차례 호명되었다. 내 이름도 불렸다. 학년별로 줄을 섰다가 부르면 단상으로 올라가 상장과 공책을 받았다. 나도 단상으로 올라갔다. 공책은 없는 상장뿐이었다. 공책을 받지 못한 나는 얼굴이 홍당무처럼 빨개져 단상을 내려왔다. 조회가 끝나고 전교생이 흩어져 운동장 청소를 했다. 나는 상장을 구겨서 호주머니에 넣었다. 아무도 모르게 구겨진 상장을 쓰레기 소각장에 던져 넣었다. 상장을 버리고 나니 속이 시원했다. 늘 받는 글짓기상이었다. 반에서 아이들의 부러움을 받는 나였다. 공부 그림 글짓기 어느 것 하나 못하지 않았기 때문이다.
　10월의 가을 하늘은 높고 파랬다. 운동장을 병풍처럼 빙 둘러선 플라타너스 잎들이 바닥에 수북이 쌓이고 있었다.
　교실에 들어오니 반장이 교감 선생님이 부른다고 했다. 교무실에 들어서니 소각장에서 타고 없어야 할 내 상장이 교감 선생님 책상에 반듯하게 펼쳐져 있었다. 교감 선생님이 내 행동을 쭉 지켜보고 있었던 건가? 잠깐 사이에 많은 생각이 오갔다. 고개를 푹 숙이고 있는데 교감 선생님이 스프링 달린 두꺼운 노트와 상장을 내밀었다. 지금도 그 교감 선생님 이름을 잊지 못한다. 한 학년 올라간 후 교감 선생님이 담임 선생님이 되셨다. 4학년 담을 맡으실 선생님이 없었기 때문이다. 선생님은 자상하고 마음 따뜻한 분이셨다. 국어 시간에 장래 희망에 대해 발표하는 시간이 있었다. 나는 작가가 되고 싶다고 했다. 작가의 꿈을 품어서인지 계속 글을 쓰게 되었다. 대학도 문예창작학과를 나왔다. 좋은 교수님을 만나 시를 인정받기도 하였다. 나를 따뜻하게 품어 주시고 인정해 주신 좋은 분들께 실망하게 해 드리고 싶지 않아서 느리지만 글쓰기를 계속하고 있다.

내 책상에는 정갈한 내 삶의 지침서인 성경책과 생텍쥐페리의 어린 왕자가 늘 놓여있다.

'가장 중요한 것은 눈에 보이지 않아'

어린 왕자에 나오는 말이다. 글귀가 좋아서 자주 읊조리곤 한다.

끝.